혼자라서 더즐거운
다른그림 찾기

혼자라서 더즐거운
다른그림찾기

초판인쇄 2017년 11월 30일
발행 2018년 10월 08일

일러스트 정미희
펴 낸 이 양봉숙
디 자 인 김선희
편 집 정희정
마 케 팅 이주철

펴 낸 곳 예스북
출판등록 제320-2005-25호 2005년 3월 21일
주   소 서울시 마포구 서강로 131 신촌아이스페이스 1107호
전   화 (02)337-3054
팩   스 0504-190-1001
E-mail yesbooks@naver.com
홈페이지 www.e-yesbook.co.kr

ISBN 978-89-92197-85-4 13690

절대 포기하지 말아요.
당신이 무언가가 되고 싶다면 그것에 대해 자부심을 가져요.
당신 자신에게 기회를 줘요.
스스로가 형편없다고 생각하지 말고요.
당신에게 득이 될 게 하나도 없으니까요.
그리고 목표를 높이 세워요.
인생은 그렇게 살아야 한답니다.

- 마이크 맥라렌

 Run Time

Run Time

Run Time

28 Run Time

Run Time

Run Time

Run Time

혼자라서 **더**즐거운
다른그림 찾기

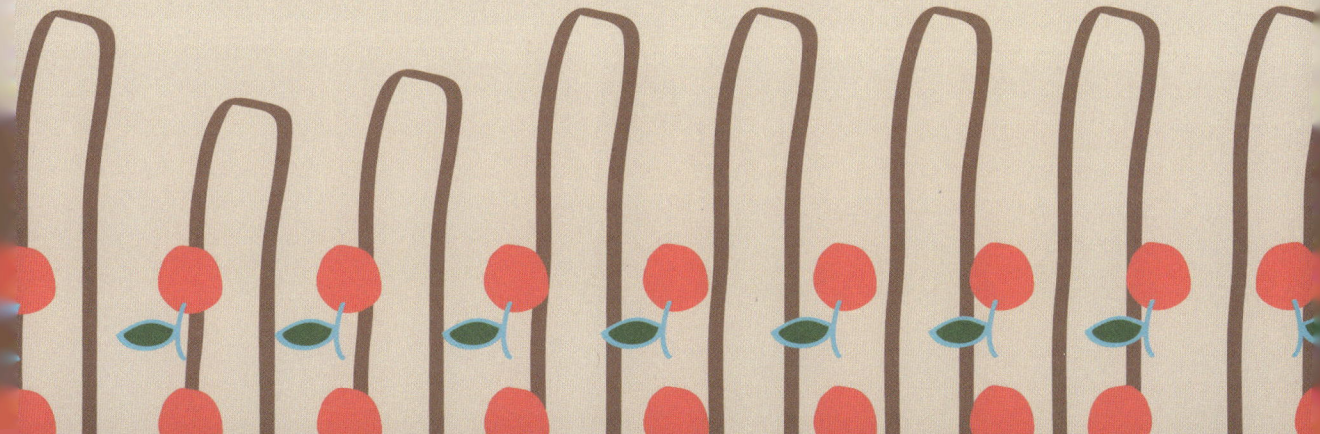

혼자라서 더 즐거운
다른그림 찾기